À mes enfants.

A-G. B.

Pour Édouard et Daniel, Culturistes de choc.
Pour Kléber des étoiles...
Un grand merci et bravo à mes petites
co-illustratrices Suliane et Thaïs !

C. V.

D'où il vient ce gros Chagrin ?

Anne-Gaëlle Balpe · Cécile Vangout

Tu ★ me ★ lis ★ une ★ histoire ?

Gautier Languereau

3-6 ans

Ce matin, je me suis réveillée
avec un gros chagrin sur mon lit.
Il était assis là et me regardait d'un œil triste.
Je n'avais jamais vu de chagrin aussi gros.

Je lui ai demandé ce qu'il faisait dans ma chambre, il m'a répondu qu'il n'en savait rien.

Nous avons décidé de chercher ensemble ce qui l'avait amené jusqu'à mon lit.

Je lui ai montré le pansement sur mon genou.
« Ça ne fait plus mal maintenant, a dit le chagrin,
je ne viens certainement pas de ce souci-là. »

« Et lui ? ai-je demandé en ramassant
l'oreille décousue de mon ours.
– Ta maman a dit qu'elle le réparerait,
n'est-ce pas ? a dit le chagrin,
alors tu vois, ça n'est rien. »

J'ai ouvert mon livre préféré.
La page huit est tombée devant mes pieds.

« Et ça ? j'ai dit.
– Je suis un chagrin bien plus gros
que ce petit tracas-là, il a répondu,
une page, ça se recolle. »
Nous avons cherché encore.

Tu es vraiment formidable ?

Nous sommes allés partout.

Dans la salle de bain,
où ma bouée était dégonflée.

Dans la cuisine,
où la boîte de biscuits était vide.

MINUS

Rien. Nulle part.
Nous n'avons pas trouvé
d'où ce gros gros chagrin était arrivé.

Alors j'ai essayé de le faire rire.
Pour qu'il soit moins gros.
J'ai fait des grimaces.

Il avait toujours l'air aussi triste,
mais il était plus petit.

J'ai mis mes mains dans des chaussettes
et une culotte sur la tête.

Le chagrin m'a dit tristement
que j'avais l'air d'une carotte déguisée en chameau.

J'ai pris une feuille et je l'ai dessiné.
Avec des lunettes et une moustache.
Ça m'a bien fait rire.

Mais lui, il est resté silencieux.

Je l'ai gribouillé.
Avec du vert.
Du orange.
Et du jaune.

Quand j'ai levé la tête,
mon gros chagrin était si petit
que je ne le voyais presque plus.

Alors je l'ai mis dans ma poche
et je suis allée voir Papa et Maman.
« Debout ! Le soleil brille ! »
j'ai dit en sautant sur le lit.

On s'est fait un câlin.
Maman.
Papa.
Le petit chagrin.
Et moi.

58 rue Jean Bleuzen – CS 70007 – 92178 Vanves
Dépôt légal : juillet 2016 – Édition 01.
Imprimé en Espagne par Estella Graficas.
Achevé d'imprimer en juillet 2016.
ISBN : 978-2-01-238528-3
Loi n° 49-956 du 16 juillet 1949 sur les publications destinées à la jeunesse.